AF224543

PROCÈS-VERBAL

De la Séance du 23 Fructidor, de l'an deuxième de la République française, une et indivisible.

PRÉSIDENCE DU CITOYEN DELMAS.

La séance est ouverte à sept heures, par le citoyen SUISSON, Vice-président.

———

UN Secrétaire fait lecture du procès-verbal de la séance précédente. --- La rédaction est adoptée.

Un autre secrétaire donne lecture d'une proclamation du citoyen Milhaud, représentant du peuple près l'armée des Pyrénées Orientales. Un article de cet arrêté exclut de tous les emplois les banqueroutiers et autres frippons; applaudi. -- Insertion au procès-verbal.

A

Un membre du comité de correspondance communique à la société celle arrivée par les derniers couriers : chacune des lettres ou des adresses sont renvoyées au comité qui doit s'en occuper ; quelques unes obtiennent l'insertion au Journal de la Montagne, d'autres l'insertion par extrait, d'autres la mention au procès-verbal.

Toutes ces adresses présentent un tableau effrayant de l'oppression qu'éprouvent les patriotes dans les départemens, par la réaction qui a suivi les évènemens qui ont eu lieu les 9 et 10 thermidor ; la première proposition faite et appuyée est d'inviter le rédacteur du Journal de la Montagne à donner place aux réclamations des patriotes , plutôt qu'aux nouvelles venues de l'étranger, attendu qu'elles sont très suspectes et très mensongères.--Adopté.

Une lettre particulière inculpe les citoyens Reverchon et Laporte, représentans du peuple dans Commune-affranchie.---Renvoyé au comité de sûreté générale.

Un membre reporte l'attention de la Société sur les patriotes vexés dans le département des Ardennes : il donne pour preuve des vexations, que dans quelques sociétés populaires de ce département on ne lit plus le Journal de la Montagne. que dans d'autres on refuse de reconnoître les diplomes de la Société des Jacobins de Paris. Il indique nommément celle de Sedan ; il ajoute cependant que les vrais Jacobins , les patriotes énergiques

ont refusé hautement de passer sous ce joug
avilissant : plusieurs d'entr'eux sont maintenant dans cette salle, continue l'orateur, prêts
à faire entendre leur juste réclamation. --- Par
mesure provisoire la Société suspend l'affiliation à celle de Sedan.

Cette dénonciation est suivie d'une autre
contre les Sulleau, accusés d'être les meneurs
de la société de Grand-Villers au district de
Chaumont. --- Le même orateur dénonce le
nommé d'Hévin, notaire, section des Piques,
pour être venu prier le comité révolutionnaire
de la section Lepelletier de brûler des pièces
à sa charge qui y sont déposées, en osant
menacer les membres d'en tirer vengance, s'ils
le refusoient. Il ajoute qu'en effet ce d'Hévin
a eu l'impudeur de dénoncer un membre de
ce comité comme un homme qui nage dans
l'or et dans les pierreries, tandis qu'il est un
pauvre et vertueux père de famille, gémissant
encore à la Conciergerie. --- Ce rapport est
accompagné de murmures d'indignation contre
le calomniateur d'Hévin.

Un autre membre obtient la parole, et il
dénonce les mouvemens de l'aristocratie dans
Caën et dans Saint-Omer : il annonce qu'il a
en main la preuve, que ce sont les incarcéra
teurs de Romme et de Prieur, à l'époque du
fédéralisme, les *Lair* et les frères *Caille*, remis
en liberté, qui influencent aujourd'hui l'opinion dans la commune de Caën. A Saint
Omer, dit-il, il avoit été formé une société

populaire, qui sauva cette cité des manœuvres des partisans de l'Angleterre. Cette société, formée sous les yeux et par les soins des Représentans du peuple, prit alors le nom honorable de Société Montagnarde. Aujourd'hui, continue l'orateur, elle est corrompue au point, que les fondateurs en ont été chassés ; qu'elle a quitté le nom de Société Montagnarde, pour prendre celui d'Amis de la Convention. Sans doute, continue l'orateur, cette Société doit être l'amie de la Convention ; toutes les Sociétés de la République doivent se rallier autour de la Convention ; la Société des Jacobins en donne chaque jour l'exemple : mais en remontant à certaines époques de la révolution, nous remarquerons que plusieurs Sociétés avoient ainsi affecté de prendre les titres vertueux d'Amis de la constitution, de l'ordre, de la paix, des lois, etc. et personne ne fut moins fidele aux principes, et moins ami du peuple et de son indépendance, que les Sociétés qui avoient adopté ces dénominations particulières. L'orateur ajoute que cette Société de Saint-Omer a voté une adresse au représentant du peuple *Personne*, pour le féliciter de la conduite qu'il a tenue dans la Convention nationale ; ce représentant, dit-il, paroît protéger cette société ; je déposerai au Comité de sûreté génerale les preuves évidentes de l'oppression des patriotes dans cette société. Il termine par cette comparaison bien juste : de même qu'après un grand orage, les cra-

(5)

pauds sortent du marais, de même après un
grand évènement les aristocrates lèvent la tête :
il est bon qu'ils en usent ainsi, afin que les
patriotes puissent les reconnoître, les observer
et les terrasser.

Sur la demande de l'orateur, la Société
suspend provisoirement l'affiliation à celle de
Saint-Omer.

Un membre fait part, que dans le département de l'Ain, les patriotes gémissent dans
les prisons, ou sont traduits au tribunal. Le
représentant du peuple Boisset, dit-il, se com-
porte de manière à faire périr tous les patriotes de 1789. Les nobles et les fédéralistes,
atteints par la loi du 17 septembre, dont les
représentans Albite et Meaulde avoient assuré
l'exécution, ont été mis en liberté. On a fait
arrêter, dans un seul district, plus de vingt
patriotes purs et ardens.

Plusieurs membres ont successivement la
parole sur l'oppression dans laquelle gémissent les patriotes du département de l'Ain.

Plusieurs propositions sont faites, telle que
de nommer des défenseurs officieux, pour
examiner et suivre cette importante affaire ;
de nommer des commissaires, pour donner
connoissance de tous ces faits à la Convention
nationale ; celle de faire rappeler les représentans qui sont maintenant en mission dans
ce département.

Après tous ces détails, qui affligent les patriotes sans les décourager, qui élèvent au

contraire leur énergie et leur constance, la question s'engage sur la cause des patriotes opprimés, vus en masse et dans un grand tableau.

Un membre observe très - judicieusement, que la multiplicité des réclamations met le comité des défenseurs officieux dans la fâcheuse impuissance de remédier à tant de maux. Le mal gagne, dit-il, il couvre déjà presque toute la république. Il faut une grande mesure. Je propose que la Société aille en masse, et qu'elle présente à la Convention nationale le tableau malheureusement trop vrai de la position désastreuse des vieux patriotes, des vétérans de la révolution. Sur cette motion, la Société demande, par un mouvement unanime et spontané, d'aller aux voix. Cette mesure paroît propre pour apprendre aux patriotes de 1789, qu'ils ne sont pas abandonnés, que la Société des Jacobins surveille leurs ennemis, qu'elle les signale, et que bientôt la loi les fera rentrer dans la poussière.

Un membre fait arrêter qu'il sera rédigé une adresse, et présenté à la Convention nationale un tableau des persécutions exercées contre les vrais républicains. Il fait arrêter de plus, que cette adresse sera lue et soumise à l'assemblée, dans une séance extraordinaire, qui aura lieu le 24 fructidor.

Un autre membre obtient la parole dans cette importante discussion. Il déclare que son opinion n'est pas que la Société aille en masse vers la Convention nationale. Quand on a, dit-il, une masse de faits à dénoncer, les individus ne comptent pas ; et la voix d'un seul suffit pour montrer la vérité et anéantir l'aristocratie.

D'après cette observation, dont la sagesse et la force frappe tous les esprits, la Société arrête :

1.º Qu'il sera fait une adresse à la Convention nationale, dans laquelle, d'après la correspondance régulière et suivie que la Société des Jacobins entretient avec les Sociétés affiliées, il sera présenté un tableau exact des vexations qu'éprouvent les patriotes.

2.º Cette adresse sera portée à la Convention nationale par des commissaires.

3.º Les rédacteurs sont les citoyens Billaud-Varennes, Bassal, Massieu, Royer et Levasseur de la Sarthe.

Un secrétaire annonce que la collecte, qui doit être partagée entre deux citoyens qui ont partagé la précédente, monte à 80 livres et quelques sous.

Un autre secrétaire annonce que la Société d'Aunay, district d'Angely-Boutonne, offre à la patrie un cavalier Jacobin, armé et équippé. — Mention au procès-verbal, et insertion au Journal de la Montagne.

Un membre du comité de présentation, présente un projet pour l'admission des nouveaux membres. Il est adopté, et il sera inséré en entier au Journal de la Montagne.

A 4

Plusieurs députations sont admises; celle de la Société populaire d'Aubagne, au district de Marseille, département des Bouches-du-Rhône, lit une adresse très-énergique sur la position politique des départemens des Bouches-du-Rhône et de Vaucluse. Elle demande, comme la Société populaire d'Aiguc-Perse, district de Riom, département du Puy-de-Dôme, l'impression de la liste des rélaxés depuis le 10 thermidor, et de celle des solliciteurs en rélaxation. Extrait de l'adresse, et la réponse du président, seront insérés au Journal de la Montagne.

La séance est levée à dix heures.

Signé RAISSON, *vice-président*; VOULLAND, *ex-président*; AUVREST, *secrétaire*; MONESTIER (du Puy-de-Dôme), Député, *secrétaire*.

PROCÈS-VERBAL

De la séance du 25 Fructidor, l'an deuxième de la République française, une et indivisible.

LA séance est ouverte à sept heures par le vice-président.

Un secrétaire fait lecture du procès-verbal de la séance extraordinaire du 24. — La société en adopte la rédaction.

Une collecte est arrêtée pour le citoyen Gaubermaau, suisse du canton d'Appenzel. Elle s'est montée à la somme de 67 liv. 10 s.

On fait lecture de la correspondance.

La société de Tonneins-la-Montagne écrit aux Jacobins en termes injurieux et dit qu'elle ne les reconnoîtra que lorsqu'ils seront redevenus les hommes du 14 juillet, du 10 août et du 31 mai.

Trois autres sociétés, et notamment celle de Perigueux, ont vigoureusement répondu à cette lettre qui leur a été adressée, et en préviennent la Société. Sur la proposition d'un membre on arrête la suspension de l'affiliation avec la société de Tonneins jusqu'à ce qu'elle soit revenue de son erreur. Les réponses qui lui ont été faites par la société de Perigueux et autres seront insérées au Journal de la Montagne.

Un membre annonce que la commune de

Jean-Jacques-Rousseau , département des Pyrénées-Occidentales , ci-devant Saint-Esprit , a déposé sur l'autel de la patrie une somme de 725,000 l. pour l'armement d'une Frégate.

On fait lecture d'une adresse de la société de Grenoble à la Convention. — Cette adresse énergique est vivement applaudie , la Société en arrête l'impression et l'envoi aux sociétés affiliées.

Un membre rend compte de l'enthousiasme qu'a produit cette adresse à la Convention, après la lecture de laquelle le cri de guerre à mort à tous les ennemis du peuple s'est fait entendre à plusieurs reprises.

Le comité de présentation est chargé d'examiner la conduite du citoyen Carteron, qu'un membre accuse d'avoir tenté de désorganiser l'Ecole de Mars.

Plusieurs membres se plaignent de la manière infidelle avec laquelle est rédigé le Journal de la Montagne : l'auteur se disculpe et accuse de ce délit le preneur des notes de la séance de la Convention. Après quelques débats la société renvoye le tout à ses comités réunis, pour en faire un prompt rapport.

Un secrétaire fait lecture du procès-verbal de la séance du 23, dont la société avoit arrêté l'impression.

Un grand nombre de réclamations de patriotes opprimés est renvoyé au comité des défenseurs officieux.

On arrête une collecte pour la séance prochaine, en faveur du citoyen Berleur, capitaine invalide, qui a reçu 17 blessures. Le comité d'administration est chargé de donner un secours de 25 liv. à la citoyenne Soulas, qui a servi dans nos armées, et qui se trouve dans le plus pressant besoin.

Plusieurs membres parlent sur le procès-verbal du 23, et rétablissent les faits dans toute leur pureté.

Lorsque j'ai parlé des crapauds du marais dit un membre, j'ai dit : de même qu'après un orage, les crapauds sortent la tête du marais, de même les aristocrates voudroient relever la tête. Il est bon de les connoître pour les terrasser. Lorsque j'ai dit que la Société de Saint-Omer avoit quitté le titre de Société montagnarde, pour prendre celui d'Amis de la Convention, j'ai trouvé cette dénomination excellente en elle-même ; mais, vu la mauvaise composition de cette Société, j'ai craint qu'elle n'eût pris ce titre dans le même sens, que celles qui prirent en 1791 celui d'Amis de la constitution, d'Amis de l'ordre, de la paix, et qui étoient toutes contre-révolutionnaires.

Après diverses autres discussions, dans lesquelles la Société entière a prouvé qu'elle sera constamment le soutien de la Représentation nationale, et qu'elle surveillera sans cesse tous les ennemis du peuple, on arrête que la rédaction du procès-verbal sera renvoyée au comité de correspondance, pour recueillir tous les détails de la séance, et répondre par là anx calomnies vomies contre les plus chauds défenseurs de la liberté et de l'égalité.

Une députation de la Société de Salon, département des Bouches-du-Rhône, fait lecture d'une adresse qu'elle a présentée à la Convention nationale.

Un membre député de la Société des anti-politiques d'Aix retrace les manœuvres des aristocrates dans ce département, où l'on a tenté par des émeutes populaires concertées d'ouvrir les prisons à tous les détenus.

Une députation de la Société de Marseilles parle ensuite dans le même sens. Tout le département des Bouches-du-Rhône dit-elle, a repris à la deuxième année de la République, l'attitude imposante qu'il avoit pris en 1789. Tous les patriotes de ces contrées ont les yeux ouverts sur les jacobins de Paris ; ils attendent tout de leur énergie. Si les Parisiens pouvoient être opprimés, nous leur apporterions les mêmes secours que contre le tyran. Nous ne savons, finit-elle, que parler franchement et combattre avec force.

L'accolade fraternelle est donnée par le président aux deux députations, au milieu des applaudissemens unanimes et prolongés.

La Société arrête ensuite, que le procès-verbal de ce jour sera imprimé et envoyé à toutes les Sociétés affiliées. Les adresses de Grenoble, et les discours des jacobins de Salon et de Marseilles, ainsi que les réponses du président seront imprimés à la suite dudit procès-verbal.

Séance levée à dix heures du soir.

Signé RAISSON , *vice - président;* VOULLAND, *ex - président;* AUVREST, *secrétaire;* MONESTIER (du **Puy-de-Dôme**), Député, *secrétaire.*

LA SOCIÉTÉ DES JACOBINS,

SÉANTE A GRENOBLE,

A LA SOCIÉTÉ DES JACOBINS,

SÉANTE A PARIS.

Grenoble, 14 Fructidor, an deuxième de la République française une et indivisible.

FRÈRES ET AMIS,

C'EST avec une vive satisfaction que nous avons appris la justice sévère que vous avez faite contre les conspirateurs qui s'étoient emparés, dans la nuit du 8 au 9 thermidor, de votre nom et de votre salle, pour opérer la contre-révolution. Votre juste indignation nous est un sûr garant que vous ne souffrirez jamais que les partisans de l'étranger, ni que les ambitieux du pouvoir, se saisissent de votre pavillon qui fut, jusqu'au 9 thermidor, le signe de ralliement des amis de la liberté. Nous croyons devoir vous donner une preuve de notre confiance fraternelle, en vous demandant de correspondre avec nous fréquemment, et en vous adressant une copie de notre adresse à la Convention nationale.

L'esprit public étoit excellent dans cette commune et dans tout le département; nulle part les lois n'étoient plus régulièrement observées, les malveillans plus rigoureusement comprimés, ni la tranquilité publique plus exactement maintenue: le peuple y a souffert la faim avec résignation; plusieurs fois il s'est levé en masse contre Lyon et les satellites du roi sarde. Mais les faux dévots, les grands propriétaires, les bourgeois orgueilleux, connus sous le nom de fédéralistes ou de feuillans, toute cette masse d'hypocrites qui a été constamment l'avant-garde de l'aristocratie, profite de la nouvelle révolution, pour livrer dans les campagnes une guerre ouverte à tous les vrais républicains, et principalement à ceux qui ont désillé les yeux du peuple sur les préjuges religieux. De pauvres habitans des campagnes, qui n'ont commis d'autre crime que d'être restés fidèles à la cause du peuple, sont traités comme des partisans de Robespierre, tandis qu'ils ignoroient jusqu'au nom même de ce triumvir. Pour peu que ces persécutions durent, le champ de bataille restera libre aux agens des seigneurs, aux valets des nobles, aux fanatiques nouvellement convertis, aux mêmes hommes enfin qui corrompirent l'esprit public lors du fédéralisme. Il règne dans certains villages un mécontentement sourd, au sujet de l'abolition des cultes. Ces hommes, directeurs actuels de l'opinion, pourront en profiter pour susciter des troubles. Il faudroit que la Convention nationale fit une adresse au peuple, pour prévenir ce mouvement rétrograde ; il faudroit que vous nous adressassiez fréquemment dès instructions qui seroient lues dans toutes les tribunes : il faudroit faciliter, par de plus grands salaires, l'organisation des écoles primaires qui est suspendue, par le fait, dans les trois quarts des communes ; il faudroit prescrire, ou du moins indiquer un mode pour célébrer le décadi, sur-tout dans les villages où l'on chomme le jour consacré au Dieu de la Vendée, et où l'on méprise la journée sainte de la République. Il faudroit des fêtes, des jeux, des chants, pour provoquer la réunion des citoyens le décadi, et remplir par des idées républicaines le vuide que laisse dans leurs ames l'absence des idées religieuses. Il faudroit adopter des mesures sévères contre les mauvais prêtres qui restent dans les villages, et encourager et faciliter leur mariage. Il faudroit enfin maintenir dans toute sa pureté,. faire marcher avec la plus grande rapidité le gouvernement révolutionnaire, et employer les armes qu'il nous fournit, pour frapper tous les conspirateurs, de quelque masque qu'ils se couvrent.

Signé, GRAND, *Président.*

GROS, CADOUX, PARADIS. *Secrétaires.*

La Société des Jacobins, séante à Grenoble, à la Convention nationale.

Grenoble, 14 Fructidor, an deuxième de la République française, une et indivisible.

CITOYENS REPRÉSENTANS,

PLACÉS depuis 1789 dans l'avant-garde de la révolution, notre devoir est de jetter le cri d'alarme, lorsque nous voyons l'ennemi s'avancer.

Lorsque nous considérons l'audace des ennemis du peuple, l'attitude menaçante qu'ils viennent de prendre tout-à-coup dans les Départemens, nous nous demandons de quel chimérique et nouvel espoir ils osent donc se bercer; et dans les tempêtes qu'ils préparent, nos cœurs s'adressent, et nos yeux se tournent vers vous, qui, dans toutes les crises, avez développé un caractère plus fort que les circonstances, un courage plus grand que les dangers.

La réaction de la dernière révolution est terrible. Au lieu de s'avancer jusqu'à la justice et d'arrêter là le mouvement, la masse malveillante qui vient de se lever, nous repousse jusqu'au modérantisme. Dans beaucoup de communes on parle et on agit comme si Brissot vivoit encore. Les monstres qui conspiroient contre le peuple et contre vous, en forçant tous les ressorts, nous jettent aujourd'hui dans l'extrémité opposée, et ils frappent encore le peuple du fond de leurs tombeaux.

Cette secte d'hommes qui a pris tous les masques, parce qu'elle est sans courage, qui fut féodale en 1789, *impartiale* en 1790, fayétiste en 1791, brissotine en 1792, fédéraliste en 1793; cette secte modérée sans modération, dévote sans croire en dieu, et républicaine à l'anglaise; cette secte toujours prête à transiger avec tous les ennemis de l'état, prouve qu'on lui laisse former dans la république une aristocratie *bourgeoise* et *terrienne*, et qui, pour parvenir à ce but, a avili et persécuté les patriotes depuis 1789, sous les qualifications successives d'*enragés*, de *montagnards*, de *régicides*, de *maratistes*, et de *sans-culottes*; cette secte est aujourd'hui debout, et elle élève le ton avec cent fois plus de hauteur que lors de la mort d'Hébert. Elle cherche à proscrire tous ceux qui sont connus pour ne transiger jamais, et qui veulent la république indivisible ou la mort.

Elle demande, comme à Toulon, l'ouverture des sections, en attendant qu'elle ose demander la convocation des assemblées primaires; l'adoucissement du gouvernement révolutionnaire, en attendant sa dissolution; la liberté des cultes conspirateurs, en attendant le rétablisssement des autels; la répression des patriotes, en attendant leur supplice; la destruction des Jacobins, pour parvenir à la destruction de la république; et c'est en dissimulant toujours, qu'elle prélude par les noms d'*indulgence* et de *modération* à celui de *monarchie*, qu'elle n'ose encore, mais qu'elle osera bientôt, si vous ne l'arrêtez, faire entendre.

Que ceux qui ont outragé l'humanité et les lois, qui ont versé le sang de l'innocent, ou se sont emparés de ses dépouilles, qui ont fait beaucoup de bruit, et peu de bien, qui ont soulevé l'anarchie pour se créer dans le désordre de petits trônes ; que ces roitelets, ou plutôt ces vautours de la révolution, éprouvent à leur tour la terreur qu'ils ont injustement répandue ; soit.

Mais que ceux qui depuis 1788, sont restés fidèles à la cause du peuple, malgré les défections nombreuses dont ils ont vu tant de lâches exemples, qui ont combattu corps à corps, et au péril de leurs têtes, le royalisme, le brissotisme, le fédéralisme et la superstition, qui ont été portés sur toutes les listes honorables de proscription, qui ont calmé le peuple souffrant au lieu de l'aigrir, qui l'ont désabusé au lieu de le tromper, qui l'ont servi au lieu de le flatter ; que ces hommes purs soient aujourd'hui persécutés, vous ne le souffrirez jamais

Vous ne souffrirez jamais que des reptiles, nés hier dans les vases fécondes de la démocratie, montent sur le corps des doyens de la révolution, qu'ils se nourrissent de leur substance, et qu'ils s'abreuvent de leur sang.

B

Que l'extravagance soit comprimée ; que l'atrocité soit punie ; mais que l'heureuse et pure exaltation des patriotes ne soit jamais transformée en crime : cette exaltation est l'ame de la république et la vie de la liberté.

Nous vous en conjurons, vous les hommes du 21 janvier, du 31 mai, et du 9 thermidor, vous tous qui représentez le peuple français, ne laissez pas s'enfoncer dans les fanges du modérantisme votre sublime ouvrage ; soutenez ceux qui le soutiennent ; détruisez ceux qui veulent le détruire. Sans votre courage, il ne nous resteroit bientôt que des pleurs à verser sur ses ruines, ou la mort à attendre.

Signé GRAND , *président.*

GROS, PARADIS et CADOUX , *secrétaires.*

La Société populaire régénérée des Jacobins-Montagnards de la Commune de Salon, chef-lieu de district, département des Bouches-du-Rhône,

A NOS FRÈRES LES JACOBINS,

FRÈRES ET AMIS,

LA Société populaire régénérée des jacobins de Salon nous a députés pour venir vous présenter l'hommage de son inviolable attachement, de sa reconnoissance et de son admiration sur la sagesse et l'énergie que vous avez montré dans les périls qui viennent de menacer encore la liberté et la patrie. Capet ne sera donc pas le dernier tyran que la hache nationale aura immolé à la vengeance et à la souveraineté du peuple ; l'infâme Robespierre a aussi scellé de son sang criminel l'arrêt de mort prononcé par la justice éternelle contre tous les usurpateurs. Périssent comme lui tous ceux qui ourdiront des trames contre la liberté de leurs concitoyens. Périssent les êtres hipocrites et pervers qui ne prêcheront la vertu que pour l'opprimer ; qui ne mettront à l'ordre du jour la justice, que pour mieux voiler leur scélératesse ; qui ne s'érigent en pontifs de l'égalité, que pour en briser le nivau au profit de leur ambition, qui ne prendront le titre de défenseurs du peuple, que pour l'assassiner et s'abreuver de son sang! Périssent les dictateurs, les triumvirs, les protecteurs! Périsssent encore les persécuteurs des patriotes! Que la loi et la véritable vertu soient les seules dominatrices dans la République! Que la liberté règne glorieuse et triomphante élevée sur les débris des trônes, des thiares, des hochets superstitieux, sur les cadavres de tous les tyrans, de tous les esclaves et de tous les traîtres!

La destinée du peuple français est d'être le plus sage, le plus heureux et le plus grand peuple du monde; votre gloire sera d'avoir fondé la félicité publique, de l'avoir aidé à remplir sa haute destinée, et d'avoir bien mérité de vos concitoyens et des hommes libres de tous les pays et de tous les siècles.

Signé CONSTANT, *président;*

HUARD, *secrétaire.*

RÉPONSE DU PRÉSIDENT,

A LA DÉPUTATION DE LA SOCIÉTÉ D'AIX.

FRÈRES ET AMIS,

LES sentimens que vous venez d'exprimer, au nom de nos frères du midi, nous ont sensiblement touchés, mais ne nous étonnent pas : vous avez connu les dangers de la patrie, et vous avez aussitôt recouvré votre antique énergie ; et elle sera inébranlable. Partout les patriotes sont opprimés ; ils ont réclamé l'appui des Jacobins ; ils n'ont point été déçus dans leur attente. La vérité avoit été dissimulée à la Convention nationale, mais nous la lui avons fait connoître ; et croyez, frères et amis, qu'elle ne l'aura pas entendue en vain. Elle fera justice des intrigans, et vengera les patriotes persécutés.

Quant à nous, nous ne répondrons aux calomnies, qu'en redoublant de courage et de surveillance, et en continuant à démasquer tous les imposteurs. Plus on cherchera à nous isoler de la Convention nationale, et plus intimement nous nous rallierons à elle ; et forts de la vertu, de la volonté du peuple, de l'union et de l'énergie des sociétés populaires, nous combattrons toutes les factions ; et tous les traîtres disparaîtront ; et les droits du peuple et la liberté triompheront. --- La Société vous invite à sa séance.

DISCOURS

Prononcé aux Jacobins par un Membre de la Société populaire de Marseille.

Le 25 Fructidor, an deuxième de la République française démocratique, une, indivisible à jamais.

CITOYENS,

LE premier motif qui nous a amenés à Paris, c'étoit pour porter à la Convention et à vous deux procès-verbaux de nos séances, où sont déposées les preuves de la conduite incivique d'un individu qui a voulu porter la désorganisation parmi nous : cet homme se nomme Rouillon. A peine arrivés, nous avons cru voir que de plus grands intérêts devoient nous occuper : nous avons su que presque par-tout les patriotes étoient opprimés et la liberté menacée ; dès lors nous avons ajourné (sans y renoncer), le premier objet de notre mission, pour ne nous occuper que des malheurs publics. Les lettres que nous recevons chaque jour de Marseille, confirment et approuvent notre conduite.

Citoyens, les patriotes de Marseille nous chargent de vous assurer qu'ils ont repris l'an deuxième de la république cette attitude ferme, imposante et fière, qu'ils avoient en 89, et qui, plus d'une fois, a fait pâlir au loin les tyrans, les esclaves et les traîtres ; ils nous chargent de vous exprimer leur respect et leur entier dévouement pour la Convention nationale, et la disposition inébranlable où ils sont de maintenir dans toute sa force le gouvernement révolutionnaire ; ils nous chargent de vous dire qu'ils vous sont inviolablement attachés, et que si dans Paris les patriotes étoient un jour opprimés, ils voleroient à leur secours.

Citoyens, pourquoi, dans les circonstances les plus périlleuses, les Jacobins de Marseille ont-ils eu les yeux fixés sur vous ? c'est parce que vous n'avez jamais varié ; c'est parce que de tous les points de la république vous avez toujours réuni les amis de la liberté. Cette fraternité vient de ce que la Société de Marseille a toujours partagé vos principes. Ceux au nom de qui nous vous parlons, sont ces mêmes hommes, qui au 10 août vous ont aidé à renverser le trône et la tyrannie ; ce sont ceux qui les premiers se sont fortement prononcés contre la Gironde et l'infâme Barbaroux. En seroit-il resté quelques débris impurs.......... Ce sont ceux qui ont renversé le fédéralisme au champ d'honneur que leur ouvrit la section onze : enfin, ce sont ceux qui ont partagé vos sentimens dans les journées des 9 et 10 thermidor. Que la calomnie cesse de répandre sur vous ses poisons ; ce n'étoit pas dans cette enceinte qu'il falloit voir alors les Jacobins, c'étoit dans les rues, c'étoit dans les sections qu'il falloit les entendre propager le respect dû à la Convention nationale.

Citoyens, des nouvelles désolantes ont affligé nos cœurs : Avignon, Aix et Salon, offrent un spectacle déchirant. A Avignon, les patriotes ont pris dans les prisons la place des aristocrates ; dans les deux autres communes ils sont opprimés, chassés des Sociétés populaires et mis en fuite. Qu'on ne dise pas que nous venons ici opérer des mouvemens ; qu'on ne dise pas non plus que nous venons calomnier les Représentans en mission : on a très-bien dit que les départemens, en nommant des députés, n'avoient pu les nantir d'un brevet d'infallibilité ; mais si les dangers que court la liberté augmentoient, si le despotisme parvenoit à son comble, alors nous userions du droit des hommes libres, alors nous nous leverions, mais avec la Convention, mais avec la Montagne, mais avec les Jacobins, pour le triomphe de la république, une et indivisible.

Citoyens, il faut du courage, c'est lui qui dans les plus grands danger a sauvé la patrie. Si quelque nouveau reptile vouloit ronger encore l'arbre de la liberté, écrasez lui la tête, si après sa mort sa queue remuoit encore, qu'elle devienne la pâture des vers.

Jacobins, nous avons vu la Convention, nous vous avons vus aussi, nous allons porter (mais nous ne partons pas encore), nous allons transmetre à nos frères de Marseille les sentimens que nous avons éprouvés, et nous ne serons vraiment satisfaits, que quand le front du plus hardi aristocrate sera courbé devant le plus modeste des Jacobins.

Signé RIQUIER, AILLAUD, BARTHELEMY.

Réponse du Président à la députation de la Société de Marseille.

FRÈRES ET AMIS,

LES actes de courage et de dévouement que vous avez faits, et que vous renouvellez en ce moment, nous sont un sûr garant de ce que vous ferez encore pour le salut de la Patrie. Les expressions manquent pour peindre dans toute sa pureté cette union touchante et sublime qui, d'un bout de la république à l'autre, rallie tous les patriotes, et qui leur rend communs et leur bonheur et leurs sollicitudes. Dites à nos frères de vos contrées, l'énergie qui nous anime; peignez leur les sentimens inviolables de notre mutuel attachement; et recevez, frères et amis, au nom des Jacobins, le baiser fraternel. La Société vous invite à sa séance.

De l'Imprimerie des SANS-CULOTTES, maison ci-devant de l'Assomption, rue Honoré, N.º 20.